LETTRE

À

M. ODILON-BARROT,

DÉPUTÉ,

CONTRE LE DIVORCE.

Par FOURNIER-VERNEUIL.

PARIS.

DELAUNAY, LIBRAIRE, PALAIS-ROYAL,
PÉRISTYLE VALOIS.

1831

LETTRE

A

M. ODILON-BARROT,

DÉPUTÉ,

CONTRE LE DIVORCE.

Par FOURNIER-VERNEUIL.

PARIS.

DELAUNAY, LIBRAIRE, PALAIS-ROYAL
PÉRISTYLE VALOIS.

1831.

LETTRE

CONTRE LE DIVORCE.

IMPRIMERIE DE PIHAN DELAFOREST (MORINVAL),
RUE DES BONS-ENFANS, Nᵒ. 34.

LETTRE

A

M. ODILON-BARROT,

DÉPUTÉ,

CONTRE LE DIVORCE.

Par FOURNIER-VERNEUIL.

PARIS.

DELAUNAY, LIBRAIRE, PALAIS-ROYAL
PÉRISTYLE VALOIS.

1831.

PRÉFACE.

Je n'ai ni choisi, ni désiré le terrain sur lequel je vais combattre. Ce n'est pas moi qui ai insinué à M. le baron *de Schonen* sa proposition sur le divorce; il attaque l'ordre social; je le défends, j'en ai le droit.

Je prie seulement le lecteur de ne pas confondre les véritables banquiers, qui sont et ont toujours été des hommes honorables, avec les *financiers* qui, de nos jours, remplacent les traitans de la régence; c'est-à-dire que pour bien saisir ma pensée il ne faut pas mêler, sous le nom générique de *financiers*, les Baguenaut et les Ouvrard.

LETTRE

A

M. ODILON-BARROT,

CONTRE LE DIVORCE.

MONSIEUR,

Je viens de lire votre rapport sur le divorce :
rapport bien fait, correctement écrit, et qui a
dû nécessairement faire quelque impression sur
des légistes taillés à la *de Schonen*.

Je n'ai qu'un seul reproche à vous faire ; vous
auriez dû dire que, sur neuf membres qui com-
posaient la commission, quatre ont été de mon
avis. Nous ne sommes plus à *l'Hôtel-de-Ville* ;
nous n'avons pas besoin de courir au plus
pressé.

Expliquons-nous sans humeur, sans esprit de
parti ; vous surtout qui lorgnez un *portefeuille*,
et qui en êtes digne, sous beaucoup de rapports,
quittez votre robe d'avocat.

La question du divorce, dans l'état actuel de

notre désordre social, est une question de haute morale, de haute politique : tous les avocats du royaume ne me feront pas changer d'avis sur ce point.

Je le savais déjà; mais la révolution de juillet m'a confirmé dans cette pensée, qu'il est difficile aux hommes en général, et particulièrement aux avocats, de s'élever au-dessus de l'instinct de leur profession. La philosophie peut bien faire nos âmes aussi grandes qu'elles peuvent le devenir; mais la hauteur qu'elles empruntent de la réflexion est ordinairement d'autant plus fausse qu'elle est plus guindée. Le barreau n'a dépassé ni *Domat* ni *Gerbier*. J'avoue cependant qu'il offre quelques modèles du véritable esprit philosophique, de l'esprit d'ordre et d'analyse appliqué à ce genre de connaissances moitié spéculatives et moitié politiques, et où la pratique embrouille si souvent la théorie. Voilà tout ce que je puis concéder.

Quant aux légistes qui, depuis vingt ans, empoisonnent notre pauvre France, que d'âneries! Grâces, mille grâces soient rendues aux marchands de comestibles, aux épiciers, aux droguistes, aux apothicaires, aux marchands de tabac, aux inodores, et à toutes ces mains heureusement criminelles, qui ont pour auxiliaires les *papetiers-colleurs*.

La loi *est athée*, disiez-vous il y a dix ans ; et c'est la faculté de divorcer qui, sans doute, va apaiser les *canuts* de Lyon. La noble métaphysique de *Descartes*, de *Pascal*, de *Malebranche*, gravite vers le ciel, tandis que la brutale législation qui se fabrique sous nos yeux plonge l'homme dans la boue. Défaire les vertus de l'homme est une étude bien triste et bien perverse.

J'ai dit, dans ma lettre à l'honorable baron *de Schonen*, toute ma pensée sur le divorce. Je ne m'amuserai pas à argumenter sur la loi, ni sur le droit ; je n'ai pas envie de vous combattre à coup de bouquin. Je vais ouvrir un gros livre que vous parcourez tous les jours sans le comprendre : ce livre s'appelle *Paris*.

La proposition de M. *de Schonen* pour le rétablissement du divorce est une prime accordée à l'immoralité : elle brise le seul et dernier anneau de la société moderne, la famille.

Si Paris n'existait pas, l'auteur d'une pareille proposition serait *abominé* par les provinces.

Voyons donc jusqu'à quel point Paris a besoin de cet exutoire.

La loi morale ne peut commander qu'à une volonté libre. Le monde moral est celui de la liberté. L'amour de la patrie est un amour moral, désintéressé, commandé à tous les êtres, comme l'amour de leur conservation. Sans pain ; sans argent, sans souliers, nous chantions : *Amour sacré de la patrie !*

On chante aujourd'hui : *Amour sacré de la finance.* Un financier prend la place d'Apollon : la différence des rangs pèse.

On ne conçoit pas bien encore la puissance de la vanité parmi nous. J'ai trente millions, disait un honnête homme devant une assemblée de jeunes industriels : imitez-moi.

Tantale et toute sa race sont encore au milieu des eaux. L'homme est le roi des animaux; mais ce n'est pas seulement parce qu'il est armé d'une main souple, flexible, industrieuse, terrible et secourable ; mais bien parce qu'il pense et qu'il lève les yeux au ciel. *Erectos ad sidera tollere vultus.*

Notre inquiétude est si grande que le vrai est insipide ; on ne veut pas s'arrêter au bien, on cherche du mieux. Nous sommes pourtant aux limites du possible ; aussi, de toutes parts, se jette-t-on dans l'absurde. Le peuple crie avec audace, parce que le besoin lui arrache des plaintes forcées. Tel financier par ambition parle hautement pour la liberté publique. Que veut le premier ? du pain. Que veut le second ? du crédit. Trente millions ne lui suffisent pas. Je ne prêche point l'égalité absolue : les hommes ne sont point égaux dans l'ordre de la nature, c'est-à-dire qu'il y a une égalité de droit, et jamais une égalité de fait. La chimère de l'égalité est la plus dangereuse de toutes dans une société policée. Prêcher ce système au peuple, ce n'est pas lui rappeler ses droits, c'est l'inviter au meurtre et au pillage. Il faut seulement adoucir et éclairer les gouvernans, ou les lois qui les conduisent. Je voudrais apprendre aux peuples à plaindre les rois, aux rois à avoir pitié des peuples. Le peuple, comme la mer, a ses tempêtes; ses espérances sont comme ses terreurs, comme ses fureurs. Quand la fureur s'empare du peuple de Paris, *amas souffreteux*, en un clin-d'œil les places, les rues sont remplies d'une multitude qui s'agite, qui menace et qui hurle. Le financier se barricade dans sa somptueuse boutique; le magistrat tremble dans son modeste appartement, et le roi s'inquiète dans son palais. Le peuple espère-t-il ? le fantôme du bonheur, non moins rapide, se présente partout. La veille tout était perdu, le jour suivant tout était sauvé.

Après les hautes pensées de la métaphysique et de la morale religieuse, il ne reste pas pour l'homme un sujet d'un intérêt plus présent et plus élevé tout ensemble, que cette méditation sur le bonheur de ses semblables, réalisé par le plus haut degré de liberté et de justice possible.

Les financiers sont parvenus à persuader aux gouvernans qu'il était utile à la France de donner du réel pour avoir de l'imaginaire : tandis qu'il faudrait donner de l'imaginaire pour avoir du réel. N'a-t-on pas assez d'or et d'argent, quand on a les véritables richesses, les biens nourriciers de la terre; et quand on aurait de l'or haut comme Montmartre, mange-t-on de l'or? En fait, il n'y a pas de terme au rêve de la perfection idéale dans tout ce qui tient aux affaires des hommes, et malheureusement placé, comme je suis, entre *l'absolutisme* et *l'industrialisme*, je ne puis attraper que taloches des deux côtés.

Pour prouver aux jésuites qu'ils ne peuvent régner que par l'intrigue et l'immoralité, il faut des exemples. J'en ai donné : je sais ce qu'il en coûte. Je ne conseillerais pas au profond et mélancolique *Galgacus* de s'exposer à la philanthropie correctionnelle de M. *de Belleyme.* *Sicut in familia recentissimus quisque servorum et conservis ludibrio est; sic in hoc vetere orbis terrarum, famulatu novi nos ac viles in excidium petimur.* (TACITE.)

L'esprit d'invention est un peu brouillon de son naturel. Je ne puis pas faire la plus petite observation aux industriels, sans rencontrer M. *Turcaret*, dans les journaux, dans les brochures, voire même à la tribune. C'est l'intérêt composé, le crédit, la réduction, l'escompte, les intérêts matériels, la vente des bois de l'État, c'est.... c'est *Turcaret* sous le masque d'un tribun.

L'agiotage des effets publics a procuré des millions aux *Turcarets.* Le plâtre et l'industrialisme les ont dévorés. Tout y aurait passé, si un serrurier avait accepté vingt-deux millions d'un champ inculte, qui environne l'ancien Tivoli. Un serrurier qui refuse vingt-deux millions, et un financier qui les offre! Voilà donc où peut conduire la rage de la perfectibilité industrielle. Du moins la doctrine, bien démasquée, n'agit plus que sur les parties folles et creuses de l'espèce humaine.

Et voilà donc l'espèce d'hommes qui veulent gouverner la France! Le *Turcaret* de la régence était plus modeste. La maltote et la marquise.....

Pauvre France! tu n'as donc besoin que de calculateurs? L'administration de ton beau pays ne doit être qu'un agiotage. Les financiers sont nos dominateurs; ils font venir et disparaître l'argent, l'appellent du bout de l'Europe, le rendent invisible à volonté, le pompent jusque dans les tuyaux capillaires. Magiciens dangereux, cosmopolites hardis, quelle sera la suite de ce jeu souple et effrayant, qui rend l'or semblable au vif argent, et peut dissoudre la fortune de la France en un tour de main.

Tous les gueux que la fortune enrichit brusquement deviennent avares ou prodigues. Il y a trois ans qu'un notaire de Paris disait à son architecte : la tuile, l'ardoise, c'est trop commun ; je veux que mon hôtel soit couvert en cuivre. L'hôtel est en expropriation forcée.

Il y a peu de jours qu'*Arlequin* portait une grosse pierre sous son petit manteau ; on lui demanda ce qu'il voulait faire de cette pierre ; il dit qu'ayant plusieurs maisons à vendre, c'était un échantillon.

Les banquiers, les agens-de-change, les architectes, les notaires, suent le plâtre. Comme pour les assignats on dresse une échelle de dépréciation.

Quand on ne veut reconnaître dans l'homme que l'homme physique, il est difficile que la morale ne soit pas réduite à la science du *comfortable*. Il est impossible que ce calcul puisse conduire l'homme à la vertu. Le plus simple bon sens suffit pour s'apercevoir que même dans le doute cette route n'est ni la plus noble, ni la plus certaine. Regardez toutes ces jeunes filles qui peuplent les boutiques de l'*industrialisme* ; admettez qu'en travaillant aux attributs de la licence elles soient sous l'œil de la sévérité, ce qui n'est pas; [mais imaginez des cuisinières qui ne goûtent jamais à la sauce. Ce sont des beautés très austères dans un quartier, et voluptueusement faciles dans un autre.

Je me rappelle qu'en faisant ma géométrie, notre professeur nous prouvait qu'un solide était engendré par le mouvement d'un plan. C'était à Bordeaux, pays de mes beaux souvenirs de jeunesse. La définition du professeur était vraie : elle représente exactement l'idée d'un solide régulier, mais elle n'a aucun rapport avec les conditions matérielles de ce solide. Jamais un géomètre ne tentera de créer un solide par le mouvement d'un plan. Il sait très bien de quelle nature est ce genre de vérité; mais on peut inspirer aux *badauds* de Paris l'idée qu'il est possible de couvrir avantageusement tout le département de la Seine de bicoques ou de palais. C'est ce qu'on appelle donner à des abstractions une apparence positive. Tant que la témérité est heureuse, les censeurs dorment. Combien de faillites, de pertes, de scandales, a amené cette cupide et décevante monomanie? Paris est en liquidation (1).

---

(1) Paris est *en liquidation !* ce mot dit tout ; les détails sont inutiles, et de plus ils sont épouvantables. Je l'avais prévu, je l'avais écrit.

L'industrie est une excellente chose lorsqu'elle est prudente et modeste ; si elle devient hasardeuse, insolente et politique, ce sera la plus grande plaie de l'État. Les jouissances hautaines des enrichis poursuivent déjà de trop près les regards de l'indigent. Il n'y a plus de rapport ni de compensation entre les différens états de la vie ; la fortune est mobile à Paris ; la tête tourne dans l'ivresse du plaisir ou dans le tourment du désespoir. Ces richesses fictives si subitement amassées ont disparu aussi vite, semblables à ces montagnes mouvantes qu'un tourbillon de vent élève et détruit tout-à-coup dans les plaines sablonneuses de l'Afrique. En thèse générale, toute puissance qui vient d'ailleurs que de la terre est artificielle et précaire, soit dans le physique, soit dans le moral. Favoriser les arts mécaniques ou libéraux, et par des impôts onéreux sucer la sueur de l'agriculture, c'est ôter les pierres des fondemens d'une pyramide pour en élever le sommet. Et pressurant la substance du cultivateur, on lui ôte les forces avec les alimens. D'un journalier on fait un mendiant ; d'un travailleur un oisif ; d'un malheureux un scélérat.

Attaquer l'industrie ! Mes remarques vont vous choquer.

J'en ai choqué bien d'autres. La philosophie ne combat pas l'industrie, mais elle la comprend et l'avertit lorsqu'elle s'égare. Je n'attaque point la véritable industrie qui ne doit jamais dépasser le besoin des peuples. Pourquoi voulez-vous que je fasse faire dix habits, si un me suffit. Ma métayère a-t-elle besoin de dentelles et de cachemires lorsque la laine et le chanvre suffisent à ses mœurs et à ses besoins? N'est-il pas ridicule et même impolitique d'exalter l'industrie dans des concours publics, et de l'assommer en même temps par des moyens qui n'échappent pas à l'œil de l'observateur? Aussi, voyez ce qui en résulte, les produits de l'industrie sont avilis et le quart de la France agricole est inculte. N'y a-t-il pas quelque autre raison morale qui milite pour moi. En province comme à Paris ne remarque-t-on pas ce défaut inné chez toutes les femmes, ce désir d'attirer l'attention que nous nommons coquetterie, et dont tous les secrets, tous les artifices sont connus au village aussi bien qu'à la ville; pourquoi le fomenter? J'appelle faux industriel l'homme [qui ne parle que d'équité, d'humanité, de bienfaisance, et dont le projet financier qu'il propose ou soutient ruine vingt mille familles. C'est un accaparement, c'est **un** monopole; c'est son or funeste qui tue la véritable industrie. Il s'enrichit et les boutiquiers lèvent le pied. Lisez le tableau des faillites.

Depuis que le luxe et la sottise des financiers

ont replacé quatre ou cinq fainéans enchaînés à la courroie derrière un carrosse ; depuis que l'on a tenu ainsi quatre hommes serrés l'un contre l'autre, sautillant sur la pointe des pieds, obligés de monter et de descendre lorsque la voiture est en mouvement, et de s'élancer avec célérité au risque de se rompre les jambes, tout a été remis en question. On cite leurs richesses immenses, mais on ne cite point leurs bienfaits. Tout est pour leurs maîtresses, leurs palais, leurs chevaux, leurs mignons et leur valetaille. C'est au moral que je m'attache ; il ne faut que des yeux pour voir le reste.

L'*omnibus* de toutes les industries est une marquise. Les bois, les tissus, les plâtres, les terrains, les toisons, les béliers, les rentes... Chut !

C'est un comte qui mène les fiacres et qui accroche, dit-on.

La dégradation dans les mœurs, occasionnée par cet agiotage qui a saisi tous les esprits, a fait disparaître ces plans sages et tranquilles, familiers à nos aïeux, et nous a donné les convulsions de la cupidité. Tout Paris est aux emprunts ; point de maison qui ne soit chargée d'hypothèques ; on ne voit que contrats spéculatifs ; on anticipe sur l'avenir ; on force l'usure de punir cette avidité extravagante (1).

____

(1) Le tribunal de commerce a rendu jusqu'à *huit cents* jugemens *par jour*.

Pourquoi a-t-on créé depuis dix ans des fortunes ridicules, et pourquoi continue-t-on à pomper jusqu'à la dernière pièce d'or qui circule dans les provinces.

Les receveurs-généraux empruntent à cinq, et même à cinq et demi, dans les départemens pour soutenir le trois pour cent : cinq et demi, quand la terre ne donne pas trois, que le travail devient rare, et que le commerce intérieur décroît par le défaut de consommation.

Qui prêtait sur les bâtisses, sur les lits militaires, sur les marchandises, sur la *poudrette!* Qui a prêté le million pour les jeux. Bricogne était grand pontife dans un lombard privilégié.

Paris est trop gros, c'est un chef démesuré pour le corps de l'État.

Paris n'est qu'à soixante lieues de la frontière.

Il faudrait trois mois et dix batailles pour aller à Berlin.

Cinq jours et une bataille perdue..... Tant mieux, me disait un boutiquier, je n'ai besoin

---

La place de greffier en chef vaut deux fois celle de président du conseil.

La part de chaque huissier audiencier dans la bourse commune a dépassé quarante mille francs.

Ces trois faits contrastent singulièrement avec la hausse de la rente.

que d'une invasion pour me relever. Singulier patriotisme !

Faut-il ruiner le Hâvre, Nantes, Bordeaux, Marseille, et toute la France, pour engraisser le syndicat ; lambrisser les galetas de la rue *Godot*, et transporter l'*el Dorado* dans la plaine des Sablons ?

Est-il moral de centraliser la cupidité industrielle dans la capitale du luxe, de l'oisiveté, de la débauche ?

Est-il politique de concentrer toute la richesse mobilière de la France sur un point si vulnérable ?

La bonne fortune est chanceuse, délicate, fragile ; l'espérance a besoin d'être ménagée, comme la crainte. Un gouvernement monarchique ou républicain ne saurait exister entouré d'une industrie active, générale, cupide et déçue.

L'ancienne Rome était souveraine de l'univers connu.

Venise dominait sur la barbarie du moyen âge.

Paris, sous l'empire, pouvait devenir une capitale presque exclusive. *Montebello* mourait alors sur le champ de bataille ! *Cléon* meurt aujourd'hui de crapule et de gourmandise ! Quel exemple ! Aussi qui dirait à voir nos jeunes officiers, si lestes, si pimpans, si frisés, si adonisés, qui ont toujours le petit miroir à la main pour

cirer la moustache ou relever une boucle indocile,
que ce sont là les successeurs des héros de Ma-
rengo. Frappez au visage! criait César à Pharsale.

Paris n'est que la capitale de la France : il y a
trente villes en Europe qui la rivalisent ; à part
ses danseurs, ses cuisiniers et ce commerce, que
Laïs faisait si chèrement payer à Corinthe, mais
qui décroît par la concurrence et l'industrialisme (1).

Il y a tant de gens pour qui les mots sont tout,
dont les sentimens et les intérêts reposent sur
cette seule base, qu'il faut bien se garder de l'é-
branler. Les discussions viennent ordinairement
de ce qu'on n'attache pas le même sens au même
mot. Quand on a fait comprendre sa pensée, on
trouve peu de contradicteurs. Il ne s'agit que de
transporter les autres au point où l'on est placé
pour envisager les choses, alors ils éprouvent
communément les mêmes impressions. Tous les
maux politiques viennent de ces fortunes immenses, accumulées si récemment sur quelques
têtes. Je ne vois que les attentats de l'opulence,
et les crimes obscurs de l'indigence ! Puisqu'on
bâtit tant de palais, qu'on agrandisse les prisons :

---

(1) J'offre de prouver que sur dix filles issues de pa-
rens divorcés, huit sont filles publiques.

ont décuplé : la vache était bonne. Mais, du moment que les effets publics ont atteint et dépassé leur apogée, la cupidité des financiers s'est portée sur les sables qui entourent Paris. Il leur faut de l'argent; n'en fût-il plus au monde! C'est là qu'ils ont enfoui sept à huit cent millions ; c'est là que leur soif s'est apaisée momentanément. Les sables ne valent rien, les édifices qui les couvrent sont inutiles : comme les eaux du Jourdain, les millions des financiers remontent vers leur source.

L'opinion n'est pas notre reine, quoiqu'on l'affirme doctoralement ; c'est la mode. Avec quelle légèreté on balotte à Paris les opinions humaines ! La soif des escomptes, l'usure déguisée sous le nom d'*intérêt composé*, la plus insatiable cupidité, ont travesti Paris en *bazar*.

Quarante passages sont déserts.

Le passage du *Saumon* est en faillite.

Le passage *Vivienne* présente des capucins de cartes.

Le passage *Colbert*, c'est si bête..... Il était au moins inutile d'employer *Phidias* et *Michel-Ange* pour loger Polichinel. J'y vois de beaux restaurans et pas un seul consommateur. Les ânes sont nombreux, mais leur nombre et leurs facultés sont bien loin de la magnificence et de la quantité des écuries qu'on leur destine. Paris n'est plus qu'une immense boutique occupée de la maladie des modes et livrée à cette vie oiseuse qui la fait descendre insensiblement au niveau d'une ville asiatique.

Lorsque j'arrivai à Paris, il n'y avait qu'une seule boutique rue Vivienne. On dit dans mon pays que plus il y a de vanneaux, plus ils sont maigres. La pauvre marchande d'allumettes qui étalait au coin de la guéritte a fictivement un loyer de mille écus dans le passage. Je ne vois que les marchands de peau de lapin qui aient conservé leur indépendance. Heureux les marchands qui, comme les chèvres, portent leur graisse dans leur ventre. Tout cela est faux, mensonger! Mensonge dans l'évaluation des revenus, parce qu'il faut emprunter sur l'immeuble et faire des dupes. J'oserais parier que le seul boutiquier du passage *Choiseul* qui fasse ses frais est le marchand de gâteaux. L'art de la gueule va toujours.

Un bonheur absolu nous ennuie; un malheur absolu nous repousse : le premier est dépouillé de morale et de larmes, le second d'espérance et de sourires. Le collier d'*Hortense* qu'on croyait à la *Monnaie* est dans les plâtres.

Célimène a une indisposition de moellons. Nous savions tous, fabuleusement parlant, qu'Apollon se fit maçon; mais Vénus, même la Vénus antique, n'échangea pas sa ceinture contre une truelle,

La vieille *Cydalise*, dont la taille a épuisé la mécanique, qui a une gorge et des hanches artificielles ; celle qui laissa tomber ses fesses dans l'église ; une de ces femmes qui ne quittent l'amour, c'est-à-dire les hommes, que lorsqu'elles ne peuvent plus les payer, est dans les plâtres.

Tous les gâcheux vont en carrosse. Le nombre et le luxe des voitures est porté si loin, qu'un homme, qui marche dans Paris toute une journée pour ses affaires, court pour ainsi dire autant de risques qu'à l'assaut d'une forteresse. Ceux qui font les lois vont aussi en carrosse. L'humanité est une lumière. Oh ! comme le luxe et la magnificence font mal aux yeux quand on vient de regarder la misère.

En 1813, un simple garçon de boutique se fit gâcheux.

En 1818, ce gâcheux possédait six millions d'immeubles.

Je l'ai vu rouler carrosse à quatre chevaux à côté de madame la Dauphine, et sa fastueuse livrée obscurcir celle de cette pieuse et modeste princesse.

Je l'ai vu dans son château, entouré de vingt laquais. *What needs he five and twenty, ten or five.*

Je me disais à part moi, ces choses-là ne sont pas dans l'ordre. Je vois deux fossés et deux culbutes en sens inverse.

En 1823, ce marquis de Carrabas de l'industrie marchait à la conquête de Paris la truelle à la main.

Les plâtres ont baissé et baisseront encore. Comme l'armée de Cambyse, la colonie des gâcheux s'abîme dans les sables. Une faillite épouvantable.....

J'allai prendre un bain il y a peu de jours ; le garçon baigneur était justement l'industriel aux millions, aux carrosses, aux livrées, aux plâtres et à la faillite. Je trouvai du courage et de l'homme dans ce tablier blanc.

Le mot industrie est magique ; mais où prétend-on conduire l'ordre social avec ce mot tout seul ? Malheur aux peuples comme aux rois qui laissent envahir l'État par la finance. *Bricogne*, que j'ai vu *petit clerc* à la trésorerie, avait, avant sa banqueroute, plus de millions qu'*Henri IV*. Il ne faut que des queues ajoutées à des zéros pour faire des doctrinaires ou des jésuites de Messieurs les talons rouges de la Chaussée-d'Antin.

L'homme sans doute est fait pour la société ; sa faiblesse et ses besoins le démontrent. Mais que veut-on faire d'une cité d'un million d'âmes qu'on augmente tous les jours ? C'est un monstre dans la nature. L'air en est infecté, les eaux en sont corrompues ; la terre épuisée ; la durée de la vie s'y abrège ; les douceurs de l'abondance sont peu senties ; les horreurs de la disette y sont extrêmes. Là naissent les maladies épidémiques ; c'est la demeure du crime, du vice et des mœurs dissolues. Cet amas de population fermente et se corrompt pendant la paix, et si la guerre vient à lui imprimer un mouvement plus vif, le choc en est épouvantable.

Je connais un seul individu, qui, nouvel *Atlas*, mais *Atlas* qui crève, a cinquante millions de plâtre sur le dos. J'aurais mille faits à citer pour prouver que le système de *Law* et ses promesses sur l'*Ohio* furent moins funestes aux badauds de Paris que la fièvre de la truelle. Je serai sobre ; je sais que la convalescence exige presque les mêmes soins, la même prudence que les approches de la maladie.

Un gentilhomme manceau a échangé sa terre de vingt mille livres de rente contre neuf cents toises de terrain. On lui offre aujourd'hui quarante francs de la toise.

Un terrain qu'on vient de vendre aux criées 17,000 fr., était couvert de 300,000 fr. d'hypothèques *conventionnelles*. *Pauvres badauds !* parole de notaire n'est pas toujours parole d'évangile.

En chimie, on neutralise quelquefois les poisons par des poisons. J'ai trop étudié le moral de Paris pour me méprendre sur sa funeste dégradation. Je connais tous les vieux masques, leurs maîtresses, leurs carrosses et leurs bâtards ; la couleur de ces figures, ordinairement jaune-souci, ressemble à ces feuilles d'automne desséchées et prêtes à se détacher de la tige : Paris est peuplé de *Turcarets*. Sous l'ancien régime, le désordre était local, la dépravation n'atteignait pas le cœur de la société! C'est une épidémie. Sans or et sans diamans, la femme d'un commis porte sur elle pour dix mille francs d'étoffes. Comment maintenir cet ordre social sans perturbation. Hélas ! nous verrons encore les mêmes effets produits par les mêmes causes ; les mêmes haines suscitées, augmentées par les mêmes motifs ; les mêmes précautions suggérées par les mêmes alarmes ; les mêmes obstacles opposés par les mêmes jalousies ; le brigandage engendré par le brigandage ; le malheur engendré par le malheur ; une persévérance stupide dans le mal, et la leçon de l'expérience inutile.

Des guerriers gris-pommelé, de vieux diplomates, de grands *restaurateurs*, dont l'un cloche au moral, et l'autre au physique, devaient-ils s'embourber dans le plâtre? Oh! que de gens ont un moellon dans le gosier.

Cette comtesse, qui a quatre contrats de mariage sur le corps, quatre maris sur la conscience, je ne sais ni le nombre de ses enfans, ni de ses amans ; elle serait peut être aussi embarrassée que moi pour en rendre compte. Je dis donc que cette vieille lampe est dans les plâtres.

Les plâtres ont englouti bon nombre de ces escrocs, plus subtils encore que les voleurs de mouchoirs. On nomme cette espèce d'hommes *capitalistes;* habiles prêteurs qui favorisent les fantaisies d'un jeune homme, et qui spéculent sur sa folie et sa prodigalité.

Il y a tant de *bonnes fortunes* à Paris qu'il n'y a point de bonnes fortunes. Ce petit comte qui a des voitures, des chevaux, des laquais, exploite habilement trois vieilles... *fermes.* Vieux propriétaires, vieux baux, disent les fermiers de la Brie.

L'une appartenait jadis à un juif trop chevaleresque, ce qui est rare.

L'autre est une f... *ferme* modèle, qui n'a rien de commun avec les procédés de *Dombâle* : on y fait les éducations sans distinction d'âge ni de sexe.

Contraste admirable de la nature physique, qui cède, et de la nature morale, qui triomphe; la troisième a passé sous la main de tant de possesseurs, qu'il me serait difficile, quoique ancien notaire, d'en établir clairement la propriété. C'est une f... ferme *historique.*

Eh! pourquoi avoir métamorphosé ces *fermes* en moellons? Étaient-elles stériles? La verdure des prés a-t-elle moins d'odeur ou d'éclat que les pierres du quartier d'Athènes? L'eau, qui s'efforce de rompre les tuyaux de plomb dans les rues de Paris, est-elle plus pure que celle qui suit en murmurant la pente d'un ruisseau? Et après tout, ne faut-il pas y revenir? Ne plante-t-on point des arbres sous les colonnades de Paros? N'estime-t-on pas une maison qui a vue sur la campagne? On a beau chasser la nature, elle force peu à peu nos injustes dégoûts, et rentre dans ses droits.

Decazes n'a point donné dans le plâtre, et c'est ce qui m'étonne, mais il donne dans la *houille*. Sous ses heureuses mains les fermes de la Picardie deviennent des *gueuses* dans l'Aveyron.

Ce financier, dont les petits enfans devaient être *ducs* et *pairs*, qui a fait sa fortune en vendant *sa moitié*... est dans les plâtres.

Cette baronne qui tue les mouches au vol, et dont le fumet était si suave lorsqu'elle était couturière;

Ce chirurgien qui oublie ses *heures* chez les pratiques dévotes;

Ce grand seigneur qui lorgne toutes les femmes, qui n'a ni humeur, ni honneur, et de plus il est bête;

Ce caméléon politique qui a fait tant de courbettes pour avoir la pairie, mais qui n'a pas fait toutes les *brochures* qu'on lui attribue;

S...., G...., qui devraient être dans leurs recettes générales et qui flanent aux Tuileries ; l'agitation de leur âme les trahit. Le printemps, ses fleurs, cette belle décoration de la nature ne les émeut point : c'est la cupidité qui les dévore. C..... veut qu'on réalise les bénéfices du *pontificat*; S..... veut attendre, *cunctator*. Sur la tête de ces deux arabes, j'entends des palombes qui roucoulent et le rossignol qui chante le printemps et ses amours ; tout cela, sauf les palombes et le rossignol, est dans le plâtre.

Ce jeune notaire, qui a un loyer de dix mille francs, voiture, livrée, table ouverte, bombance de financier, bal, concerts, où le second clerc et la notaresse chantent des nocturnes! c'est la femme qui fait la basse. Qu'on se figure la discordance que peuvent faire ensemble un chien qui aboie, un chat qui miaule, et un enfant qui crie : cette notaresse est la femme de Paris qui exécute le mieux un évanouissement. C'est encore plâtre et faillite.

Ce n'est pas l'amour de soi qui rend l'homme vertueux. Ney était plein de gloire, la mort l'a dévoré ; et tous ces êtres cadavéreux ne meurent point ; ils languissent dans une triste, longue et ignoble vieillesse. Vieux sybarite, tout finit, tout est sans remède ; la journée la plus brillante passe et ne reviendra plus. L'année la plus fertile n'a commencé que pour finir. Insensé ! ton âme se livre aux passions les plus futiles ; tu vas mourir sans avoir pu trouver le moment de vivre.

Tous les vieillards tiennent plus à la vie que les enfans, et en sortent de plus mauvaise grâce que les jeunes gens ; c'est que tous leurs travaux ayant été pour cette vie, ils voient à la fin qu'ils ont perdu leurs peines. On travaille impunément à se passer de Dieu.

> *Oculis errantibus alto*
> *Quæsivit cœlo lucem , ingemuitque repertâ.*

Les jours succèdent aux jours ; les mois succèdent aux mois, et le septuagénaire goutteux E..... bâtit un palais la veille de sa mort. Cinq domestiques soutiennent son corps tremblottant, vingt chiens l'accompagnent, et témoignent publiquement de ses goûts et de sa honte. Ainsi que le boulet des batailles n'a ravi à tel invalide que la moitié de son corps, de même la contagion de la débauche n'a frappé qu'à demi ce protecteur de la prostitution. Il ne lui reste ni dents ni cheveux ; il contemple son palais et ne songe pas que la feuille qui naît sur sa tête verra bâtir son tombeau. La terre ouvre également son sein pour y recevoir le roi et le chiffonnier ; toute la ruse et tout l'or de X*** ne surprendront pas le nocher comme une chambre de députés. *Est et fideli tuta silentia merces*, HOR.

Une de ces femmes que nos pères faisaient fouetter publiquement, et qui tiennent aujourd'hui des *hôtels garnis*, fait fortune. Un vieux notaire l'épouse. *Ut solidet calidam frigida lympha cutem.* (SID. APPOLL.) Il est impossible de choisir un plus riche opprobre ;

Des barbiers des laquais, des histrions, des galériens, qui le disputent en luxe, en carosses, en vices, au faubourg Saint-Germain ;

Des voleurs, qui ne manquent pas de probité, des magistrats faussaires, des assassins qui sont philanthropes, et des scélérats qui versent des larmes de sensibilité ;

Des duchesses populaires, qui dérogent par argent ;

Des sophistes imberbes, qui justifient tout la plume à la main, des coquettes pédagogues, des colporteurs d'amour, des polygames galans, qui bâtissent de petites Gomorrhes, et chez qui la sottise parle comme le génie, et beaucoup plus haut ;

Cette vieille petite brune, courte, ramassée, de la race dans les hanches, très en chair, et très fournie de sourcils, de cheveux, même d'un dur et épais duvet, qui semble attirer le rasoir sur son menton ;

Le Tibulle de madame X..., qui, comme le

carillon de Saint-Roch, déraisonne publiquement ;

L'homme qui joue les tyrans dans le quartier d'Athènes ;

L'amoureuse quarantenaire, dont la peau n'est plus qu'une toile passée à l'huile, comme celle que les peintres gomment et colorent ;

L'ingénue, qui reçoit des coups de cravache ;

Les *deux ours*, le clystère à *l'eau bouillante*, le confesseur *à la mode*, la fièvre *de plaisir*, jusqu'au moucheur de chandelles, dont la place vaut, dit-on, vingt-quatre mille fr., tout est dans le *plâtre*. L'un tombe et l'autre s'élève ; les noms culbutés sont comme des noms décédés.

Ces libertins si efféminés, dont la parure est si semblable à celle des femmes, qui composent si bien leur teint, qui se frisent avec tant d'art, qui emploient tant de temps à leur miroir, qu'il semble qu'il n'y ait qu'un sexe. Incapables de servir leur pays, timides devant leurs concitoyens, lâches devant les étrangers, ces esclaves, qui seraient tigres au besoin, prennent des *plâtres* pour argent comptant. Le plâtre remplace la hallebarde de Molière.

Notre vanité est bien risible ; mais elle ne l'est jamais tant que lorsqu'on cherche à se créer des aïeux imaginaires, et qu'après s'être nourri de pareilles billevesées, on vient à s'enfler d'un orgueil égal à sa crédulité. De toutes les petitesses dont l'esprit humain est capable, celle-ci me paraît la plus misérable et la plus ridicule.

Voyez ce *chat-tigre* à vue équivoque, qui joue tant de rôles divers depuis trente ans, toujours avec bassesse et jalousie. Je l'ai vu congréganiste, le plâtre l'a rendu libéral. Quand ce drôle portait le *bonnet rouge*, ce n'était qu'un *Thersite*. Depuis qu'on l'a couvert d'hermine, qui n'est que du poil de renard, la moitié de sa figure caresse le pouvoir et l'autre moitié fait de l'opposition. Vicieux et faux, c'est le caméléon le plus dangereux de l'époque. Sa méchante âme est peinte sur sa grossière physionomie ; il est rongé de fiel et bouffi d'orgueil ; et, pour comble, c'est un bel esprit ennuyeux. Cet homme montre publiquement sur son front le mélange du vil libertinage et de la férocité barbare.

La trahison révolte tellement les cœurs bien nés, que celui qui participe, même indirectement, à sa bassesse, ne peut échapper au blâme qu'elle mérite. Cette espèce de poète que tout Paris méprise, se sauve dans les plâtres ; il est comme les chats, qui tombent toujours sur leurs pattes. Cet homme n'est pas de ces phosphores qui se conservent dans l'eau. Il lui fallait la vive lumière de l'Académie pour l'éclairer et l'échauffer. Ça vit en prodiguant ce parfum que j'abhorre, mais qui remue toutes les puissances, toutes les faiblesses de la nature, qui pénètre avec douceur dans le sang, et l'aide à franchir les passages les plus difficiles pour aller au cœur! la flatterie.

La folie touche au génie : une tension trop forte dans quelques fibres du cerveau brouille les images, et les raisonnemens s'en ressentent; ils deviennent des objets de dérision pour une tête bien moins pénétrante, mais aussi plus saine. Dégradé, ou par la misère, ou par les infirmités, la vie animale suffit à ce pauvre diable de D....; dès qu'il l'a, il est heureux.... comme son chien. Le voilà devenu *porte-oiseau*. Je l'ai vu faire le philosophe. Ce malheureux a passé son enfance et sa jeunesse au milieu des livres, et perdu ses belles années à rêver creux, à se morfondre dans des spéculations abstraites. Toujours sobre, pauvre, triste, sombre, dur envers lui-même, à charge aux autres, faisant peur par son teint livide, ses joues creuses, ses infirmités, sa chassie, vieilli avant le temps, et mourant avant son heure, si tant est qu'on puisse dire qu'un homme meurt quand il n'a jamais vécu. Voilà une belle figure de sage..... J'entends croasser les grenouilles du Portique.

Ce bavard insoutenable, jacobin, bonapartiste, royaliste, villéliste, quéléniste, espion; cet homme est universel : physicien, musicien, critique, poète, scolastique, astronome, grammairien, politique, jurisconsulte, historien, platoniste, newtonien ; *il entend Cousin...,* sophiste, rhéteur, empirique et *gâcheux.* Le quartier François Ier. lui a coupé la parole.

Et *cet autre,* qui ne reste pas cinq minutes à la même place, qui change de chaise pendant l'élévation du Saint-Sacrement, qui pleure, mais pleure tout de bon en lisant un journal ; qui rit, s'agenouille, chante les vêpres et prie Dieu en plein vent, broie les journaux, les oublie et s'enfuit. Je l'ai entendu faire une allocution au bon Dieu en faveur de M. *de Reyneval :* « Mon Dieu, faites-le ministre ! » Vous trouvez cet avocat dans tous les provisoires, dans toutes les liquidations, dans toutes les intrigues, dans toutes les affaires bonnes ou mauvaises ; il est l'arbitre de la paix, de la guerre et des changemens de dynastie, du clergé, des empires, des journaux, des jugemens, des congrès, des mariages, des conventions, des alliances, des lois, des plaisirs, des dîners, des enterremens, où il pleure à ravir.... la respiration me manque ; en un mot, de tous les intérêts publics et particuliers. Est-il dans le plâtre ? Je l'ignore ; mais à coup sûr c'est un *gâcheux.*

Ce petit Juif, si gros, si court, membre associé des *Bonnes-Lettres,* a bâti une rue. Avec son large chapeau de feutre, il a l'air d'un campagnard. Mon travestissement vous étonne, me dit-il; mes constructions sont achevées : j'habite la campagne.

Ah ! la campagne, c'est bien champêtre pour un Juif.

Oui, la campagne. Heureux celui qui, loin des affaires, s'occupe à cultiver son champ.

> Content de mon champêtre asile,
> Content de reposer sur la couche tranquille,
> Où le sommeil ferme mes yeux.
> Oh ! d'un lit somptueux, l'éclatante parure,
> N'en écarte pas les ennuis.
> La pourpre et le duvet, les eaux et leur murmure,
> Ne font pas la douceur des nuits.

Bien, *Isaac ;* les Bonnes-Lettres ont opéré. Vous voilà donc retiré des affaires; vous allez commencer le métier d'honnête homme.

> Il n'est point d'honneurs que j'envie;
> Rien ne vaut mon obscurité.
> Je soignerai ma vigne et mes arbres naissans ;
> Armé de l'aiguillon, de mes bœufs indolens
> J'irai gourmander la paresse.

J'éprouve un vrai plaisir à marier une jeune vigne avec un haut peuplier; je tranche avec la scie les branches infructueuses pour en greffer de plus utiles. Je presse le miel, et je le fais couler dans des vases préparés avec soin.

Quand l'automne élèvera dans mon jardin sa tête couronnée de fruits vermeils, j'éprouverai la douceur de cueillir une poire sur l'arbre que j'aurai enté, et de détacher un raisin aussi beau que la pourpre.

Pendant la triste saison des neiges et des frimas, j'irai, avec mes chiens, pousser un chevreuil dans les bois.

C'est ainsi que je compte me distraire des tristes soucis des affaires.

> Oh ! qu'il est doux, lorsque la pluie
> A petit bruit tombe des cieux,
> De céder à l'attrait d'un sommeil gracieux.

Depuis trois ans les plâtres d'*Isaac* sèchent infructueusement ; la *location* ne va pas ; sa rue est une thébaïde. *Isaac* plaide contre l'architecte et le fournisseur, et revient à son métier de juif. Il prête en ce moment à cent pour cent au duc d....., et à trente aux philosophes en boutique. Bien, *Isaac,* fais ton foin pendant que le soleil brille.

Ruiné par la chute des plâtres, *Isaac* s'est marié ; la dot était ronde. Qu'importe la femme pour un juif, qui ne couche en joue que les écus. Il a donc épousé une de ces filles d'Opéra, moitié tendres, moitié intéressées, et qui commencent à placer le sentiment où on ne l'avait pas encore vu. C'est aujourd'hui une bourgeoise demi-décente, recevant l'ami de la maison, du consentement du mari. *Isaac* prête sa femme à usure. Espèce dangereuse et perfide, qui voile et pare l'adultère de couleurs trompeuses, et qui usurpe l'estime dont elle est indigne. L'amour n'est donc qu'un besoin ; une femme n'est qu'un meuble, un amant n'est que l'homme qui paie. Ainsi donc nulle morale dans les idées, pas même dans les sentimens ; la tendresse filiale n'est que de l'habitude, l'amitié que de l'espérance, la reconnaissance qu'un mot. Point de cette tendresse de cœur qui pénètre, remplit, enchante, dont les peines sont un des plaisirs, qui se complaît dans les sacrifices, et s'accroît par les jouissances ; cet amour moral, enfin, qui enchaîne ou domine l'amour physique, ou du moins le voile et le pare.

La misère fardée de luxe est effroyable. Je m'arrête au milieu de cet air empoisonné de mille vapeurs putrides ; parmi les hôpitaux, les égoûts, les ruisseaux d'urine, les monceaux d'excrémens, les teinturiers, les tanneurs, les corroyeurs, et toutes les décompositions de la chimie ; au milieu de la fumée continuelle de cette quantité incroyable de bois, et de la vapeur des charbons ;

au milieu des parties arsénicales, sulfureuses, bitumineuses, qui s'exhalent sans cesse des ateliers où l'on tourmente les métaux ; dans ce gouffre où l'air lourd et fétide est si épais qu'on en sent l'atmosphère dans un rayon de trois lieues ; air qui ne peut pas circuler , et qui ne fait que tournoyer dans ce dédale de maisons. C'est à ce point de vue qu'il faut se placer pour observer la hideuse misère et la cruelle opulence de Paris.

Quel est cet hôtel qui s'élève ? qui doit l'habiter ? c'est un homme qui a laissé mourir des milliers de braves dans les hôpitaux d'Italie,

A côté ? c'est l'hôtel d'une courtisane.

Plus loin ? l'hôtel d'un notaire qui a mangé des dépôts.

En face ? le palais de l'homme qui a vendu la France.

Que je regarde à droite, à gauche, devant, derrière, je ne vois que des hôtels d'usuriers, de concussionnaires, d'agioteurs, de traîtres, et d'infatigables agens d'oppression.

Rarement un nom respecté du public loge dans ces magnifiques demeures. Comme la réflexion rend hideux ces hôtels superbes. Cette jolie maison, que les beaux arts vont décorer, appartient à un honnête philistin qui a bien servi le roi..... sur les galères de Rochefort.

Ce pavillon qui a l'air d'un temple élevé à

l'Amour, est destiné à la prêtresse de Lesbos.
Qui festinat ditari, non erit innocens.

Le propriétaire de ce magnifique hôtel, mérite un signalement particulier :

Il est, dans la même journée, chevalier de Saint-Louis et garçon perruquier; abbé tonsuré et marmiton : il visite Frascati et le tripot le plus infect; tantôt la coiffure d'Apollon, tantôt la perruque d'un vieux président; il change de physionomie, comme d'habillement! C'est un espion.

Quelques insensés se sont dit : il n'y a que nous qui soyons bonne compagnie , et on les croit sur parole. Regardez-les, le front vous annonce la vie , et la mort est dans les entrailles; la laideur est sous le masque de la beauté ! Un air d'opulence déguise la misère ; l'infamie est dans l'âme et l'honneur sur les lèvres; le savoir est apparent et l'ignorance réelle. Vous voyez le portrait de la force et vous trouvez la faiblesse; ce qui est noble en apparence est bassesse dans le fond. La figure annonce la joie et le chagrin dévore l'âme. La faveur se change en disgrâce , la fortune en pauvreté ; l'amitié n'est que haine dissimulée ! L'écorce est un remède et le suc un poison.

Partout où un petit nombre d'hommes réunit le pouvoir et les richesses , quelle que soit d'ailleurs la naissance de ces hommes , plébéienne ou patricienne , le manteau dont ils se couvrent, monarchique ou républicain, ils se corrompent. Le jacobin enrichi, comme le bonapartiste, comme le royaliste, a ses vices, plus les vices qui l'ont précédé.

Moi qui suis un vieux *rabacheur*, j'aimerais mieux voir le véritable esprit de conversation , le mépris du petit bel esprit , cette intelligence solide , mais vive et déliée, des convenances et des vices ; l'ingénieuse délicatesse des sentimens, la grâce, le piquant, la politesse du langage, et surtout de bonnes mœurs.

Depuis trente ans, je regarde ce qui se passe autour de moi. Je n'ai point changé ; mon âme, mes affections, mes habits, sont les mêmes ; mais que de changemens..... dans nos habits, dans nos mœurs , dans nos écrits, dans nos croyances, dans tout notre être ! Notre esprit aime et notre cœur raisonne ; nos sensations voient et nos idées sentent. On pleure aujourd'hui plus agréablement qu'on ne riait autrefois ; les évanouissemens n'ont plus que la bonne grâce des vapeurs ; la fille du *financier* achète un prince comme aux Indes on achète un nègre. Prenez-y garde, il y a des temps, et j'en ai vu, où le peuple n'a point d'oreilles et n'en veut point avoir. L'attaque d'un taureau courroucé est toujours redoutable, quoique cet animal la fasse les yeux fermés.

La France sue , elle est en nage ; supportera-
t-elle encore long-temps ce violent exercice ? A-
t-on bien calculé le degré de ses forces réelles ?
Le jeu qui les met en action ne se ralentit pas , je
le sais ; mais ira-t-elle toujours aussi vite *que le*
violon ? Je crains bien qu'en arrachant le galon
de l'habit, on ne déchire l'étoffe.

Ceux qui ne voient en France que des voitures,
des modes, de l'éclat et du bruit , ont raison de
penser que la France est heureuse. Mais ceux qui
pensent que la grande question du bonheur est le
plus près de la nature possible; que, plus on s'en
écarte , plus on tombe dans l'infortune ; qu'il ne
suffit pas d'avoir le sourire sur les lèvres devant
les hommes, lorsqu'en dépit des plaisirs factices,
le cœur est agité , triste , consumé dans le secret
de la vie ! Ceux-là , dis-je , ont trouvé le malaise
général qui mine l'ordre social.

Il est temps d'y songer, la plaie est profonde.
Paris est le refuge de tous les grands spoliateurs,
de tous les criminels , tous les vicieux de l'univers. La dépravation y est un titre ; rien n'est es-
timé , rien n'est sacré que la richesse : le crime
obtient les honneurs de la vertu. Il faudrait que
j'inventasse de nouveaux noms pour nos nouveaux excès. *Tunc primum ignota ante vocabu-*
la reperta sunt tellariorum et spintriarum ex
fœditati loci , et multiplici patientia. TACITE.

Revenons un peu aux nobles pensées de *Platon*, à ces inspirations du génie, à ces révélations du cœur que les merveilles de l'esprit font oublier; nous avons tout approfondi, tout divisé, tout expliqué dans notre nature. Je crois en vérité que je sais tout, *la science m'étouffe*. L'entendement multiplie sans cesse ses découvertes, je l'avoue; mais la raison paraît s'être enfermée elle-même dans cet ingénieux labyrinthe : moins téméraire, elle est moins grande, et l'homme, à force d'analyser un point, ne pense plus à l'immensité.

L'égoïsme, l'esprit d'intrigue et l'esprit mercantile ont tout gâté. Nos savans ne sont plus que des manipulateurs qui aident la pratique des arts mécaniques ; l'esprit humain est desséché dans cette branche d'activité : l'audace n'est pas le génie. On dépouille la philosophie de l'éloquence et du sentiment. Il ne s'agit plus parmi nous que de boutiques et de *consommation*. Les systèmes politiques eux-mêmes sont forcés de rouler exclusivement sur ce pivot. Les facultés productives sont tout, on ne pense plus aux facultés morales.

On va épier la parole divine et non point s'en pénétrer. Les uns falsifient l'Évangile, les autres en rougissent, au lieu de le confesser hardiment dans toute son admirable pureté. Je ne vois que des prétentions qu'on prend pour des titres, des théories de perfectibilité, qui sont des préjugés plus philosophiques, je l'avoue, mais non moins vains que les préjugés nobiliaires.

Hélas! qu'est devenue cette horreur du vice, cette certaine chaleur de passion, cet entier abandon, cette verve de sentiment qui entraîne et qui émeut, enfin cette grâce qui me charme et me subjugue en lisant *nos anciens*.

Résumons-nous, Monsieur. *Paris est en liquidation;* mais le Paris matériel d'aujourd'hui ne vaut pas moitié du Paris de 1828, et c'est sur le Paris de 1828 qu'ont été stipulés les prêts, les dots et toutes les conventions civiles.

Le terrain qui valait 140,000 francs, vient d'être vendu 7,000 francs.

La maison, dans le cœur de Paris, rue Saint-Augustin, qui valait 600,000 francs, ne trouve pas acquéreur à 200,000 francs.

Les notaires qui ont payé leurs charges de 5 à 600,000 fr., les vendent à peine 200,000 fr.

Et les agens-de-change, et tout enfin.

Jetez donc le divorce aux trousses de cette malheureuse jeunesse; que le caprice, l'inconduite, la peur, la cupidité, viennent mettre à nu leur situation. Paris n'est point une ville religieuse; ce n'est point une ville philosophique; les vices et les plaisirs frivoles et profanes y dominent à l'excès. Cet ordre social n'a plus de ressort; ces duretés d'une civilisation savante et armée, ce développement de pouvoir, de force et de menaces, offrent le crime tout sec, sans compensation.

J'ai l'honneur d'être, etc.

Nota. Dans une troisième lettre j'examinerai la question du divorce sous le point de vue politique.

Mon héros est tout trouvé; c'est M. le baron *de Schonen* divisé en trois points.

M. *de Schonen* président la *haute vente* dans la maison du tapissier Chevalier ;

M. *de Schonen* à l'Hôtel-de-Ville ;

M. *de Schonen* à Feydeau, dans la loge du duc d'Aumont, où il va régulièrement ronfler trois heures par jour.

IMPRIMERIE DE PIHAN DELAFOREST (MORINVAL).